W0330337

Christian Jolibois
Christian Heinrich

Il giorno del fratellino

Nord-Sud
Edizioni

ADRIANO SALANI EDITORE
Da 150 anni più felici con un libro

L'autore

Figlio segreto di una famosa fata irlandese
e di un ranocchio italiano, **Christian Jolibois**,
oggi ha 352 anni, è un instancabile inventore di storie,
bugie e fantasie , ha provvisoriamente ormeggiato
il suo vascello a tre alberi *Le Teigneux* (che significa pieno di tarli),
in un piccolo villaggio della Borgogna,
per dedicarsi finalmente solo alla scrittura.
Parla fluentemente il maialese, l'alberese, il pollese e il rosasco.

L'illustratore

Volatile adatto al lavoro, raschiatore di acquerelli
e temibile spelacchiatore di pennelli,
Christian Heinrich percorre volentieri gli immensi spazi
del suo piccolo foglio bianco. Oggi lavora a Strasburgo
e sogna spesso il mare parlando con i cormorani
che sono di passaggio a casa sua.

Titolo originale francese: *Le jour où mon frère viendra !*
© 2002, Éditions Pocket Jeunesse, département d'Univers Poche.
© 2006, Éditions Pocket Jeunesse, département d'Univers Poche, pour la présente édition.
Copyright © 2012 Adriano Salani Editore, **dal 1862**
Gruppo editoriale Mauri Spagnol, Milano

Tutti i diritti riservati

Stampato in Italia
nel mese di Aprile 2012

Ai nostri cari mamma e papà polli.

Christian e Christian

È la stagione dei pulcini! Polletti e gallinelle
fanno festa agli ultimi nati.
Solo Carmelito, il polletto rosa, è triste.
Guarda i suoi amici con un po' d'invidia.
"Perché io non ho un fratellino?"

"...Se avessi un fratellino, potremmo giocare insieme a salta-pollo o a tira-cresta."

"Di' un po', Gallix, mi presteresti il tuo fratellino pulcino?"
"Eh NO! Non se ne parla! Questo fratellino è solo mio!"

Allora il piccolo pollo rosa grida disperato:

"Anch'io voglio
un fratellino!"

Corre verso i suoi genitori:
"Mamma! Papà! Come si fanno i pulcini?"

Carmela prende il piccolo tra le braccia
con dolcezza e gli spiega il grande mistero della vita.

"Sai, Carmelito, mamma chioccia
deve covare per tre lunghe settimane perché
un pulcino esca dal suo uovo..."

Piticok prosegue:
“Tua madre depone le migliori uova del pollaio!
Ma la contadina le prende tutte!
Quindi, senza un uovo da covare, niente pulcini!”
Carmelito allora capisce che non avrà mai un fratellino.

Ma ecco che Pedro il Cormorano arriva
con una proposta incredibile:
"Amici, affidatemi il vostro uovo!
La contadina non verrà mai a cercarlo
dentro alla mia botte.

**Sarò io a covarvelo
di nascosto!"**

Ecco un'idea... strana... insolita... ma formidabile!
"Un piccolo in affido" dice Piticok.
"Un pollo clandestino" dice Carmela.
"Un pulcino segreto" dice Carmelito.

E così Pedro si mette a covare di nascosto
l'uovo di Carmela, senza che la contadina
sospetti di nulla.

"Spostati dal mio sole, mi fai ombra, maleducata!"

Ogni notte, Carmelito lascia il pollaio
e bussa piano alla botte.
"Psssst! Pedro?
Posso vedere mio fratello?"

Ehilà, fratellino!

Dentro all'uovo il pulcino
dà qualche colpo sul guscio.
E il polletto è molto fiero:
"È mio fratello! Non vedo l'ora
che tu esca" gli dice sottovoce.

Una notte, grazie ai progressi
della tecnica moderna, Pedro mostra
a Carmelito la debole sagoma di pulcino
che si vede attraverso il guscio.

Alla fine IL GRANDE GIORNO ARRIVA!

Presto il pulcino uscirà dal suo uovo.
Se sarà maschio si chiamerà Chicchirick.
Se sarà femmina si chiamerà Carmen.

Carmelito chiama il suo amico Tontolino
e insieme si danno da fare.
Costruiscono il regalo per il fratellino
in arrivo: un magnifico bastone.

Non lontano da lì, due ricci cercano
qualcosa per riempirsi la pancia.

Stranamente non raccolgono
vermi, insetti o funghi.
Oggi vogliono un cibo da re.

All'improvviso il più giovane trova una mela…

Il fratello maggiore lo prende al volo
e lo trascina indietro…

Perché la mela è l'esca appetitosa
di una trappola. I due ricci allora decidono
di andare verso il pollaio…

Laggiù c'è sempre qualcosa di buono da rubare.

Intanto sull'aia Pedro sta mostrando
ai suoi amici che cosa sa fare con il bastone.
"Ehi, ragazzi! State a vedere!"

"Guardate laggiù!" dice Carmelito.
"Ci son due ricci che giocano con...

... il mio fratellino!
Stanno rubando il mio fratellino!!!"

Si buttano all'inseguimento.
"Io passo per i campi" dice Tontolino.
"E io per il bosco…"
Pedro gli raccomanda di essere prudenti.

"Andiamo a divertirci!"
"Mollamelo!"
"No! Prima io!"

"Pick!"

"Nick!"

"Passa, passa!"

Dentro l'uovo il pulcino si lamenta.

"Oh, un uovo che parla!!!"

"Attento, Nick!
C'è qualcuno
in questo uovo!"

Piiiooo!

Quando arriva Carmelito
i due ricci sono già lontani.

"Sei mio fratello...!"

"Per tutti i gusci!
Sei una femmina!"
esclama Carmelito, è davvero deluso.

Pio Pio!

"Sì, sì, felice di conoscerti!"

“Non toccare il bastone, Carmen!
Non è un gioco da femmine”
brontola Carmelito.

“Va bene, d’accordo, tientelo, il tuo bastone.”

Carmelito, a muso lungo, mostra a sua sorella
come si attraversa il ruscello con la liana.
“Dobbiamo passare al di là per andare al pollaio.”

"Mi dai sui nervi!"

Pio Pio Pio!

"Hai fame? Allora seguimi. Vediamo un po' che cosa c'è qui da mangiare."

Due minuti più tardi, Carmelito pensa
di aver trovato qualcosa
per nutrire la sua sorellina.
"Ti piacciono le mele, Carmen?"

La trappola si richiude sopra
il polletto imprudente.

Carmen crede che sia un gioco
per farla ridere.

Ma poi capisce in fretta che lui ha bisogno
del suo aiuto. E libera il prigioniero.

"Carmen" esclama Carmelito con il cuore
che batte, "sono fiero di avere una sorella come te!"

Intanto Tontolino continua a cercare…
"Scusi, signora, non ha per caso visto passare
un pollo rosa che inseguiva un uovo?

…un pollo molto simpatico…
…con un uovo grosso più o meno così?"

"Carmelitooo!!!"

Nel bosco, cammin facendo,
Carmen trova una briciola di pane…

…poi un’altra… e ancora un’altra…

“Che cosa mangi?” le chiede Carmelito.

Carmen e Carmelito riprendono
la strada per il pollaio quando,
allo svoltare del sentiero…

I ladri di pulcini!!!

"Uscite da lì!" ordina Carmelito.
"Forza, battetevi, se non siete dei codardi..."

Carmen non ha scordato come Pick e Nick
l'hanno sballottata dentro al suo uovo.
E si inventa un nuovo gioco tutto per loro.

¡Uooooooo!

“Io conosco questa voce…!”

“TONTOLINO!”

Carmelito dice meraviglie di sua sorella:
"Vedrai, Tontolino! È divertente e sa fare cose incredibili! Le manca solo la parola…"

Quando la piccola arriva al pollaio,
tutto il cortile esplode di gioia.
I suoi genitori sono emozionati.
"Come ti assomiglia" dice Piticok a Carmela
guardandola con tutto il suo amore.

Il più felice di tutti è Carmelito!

Ha una sorellina!

Ormai non si lasciano più.
E le giornate sono troppo corte per giocare a:
salta-pollo,
tira-cresta,
nascondi pollo,
manca la piuma,
gira gira pollo,
pizzica pollo,
grano duro e grano molle,
passa la zampa,
becco a te becco a me,
gallina cieca,
un due tre gallinella…

Una mattina, la contadina, stupita, si ferma
davanti alla piccola Carmen che fa il suo riposino.
"E tu chi sei? Non ti conosco! Da dove vieni, pulcina?"

"Spostati dal mio sole,
mi fai ombra,
maleducata!"

"Ma allora parla!"